Elisabeth Gloor

Wir basteln mit Alltagsdingen

Aus wenig viel gemacht

Das kleine Schneider-Buch

8000 München 46 · Frankfurter Ring 150

Umschlagbild: Christine Wilhelm, München
Umschlaggestaltung: Adolf Bachmann, Reischach
Illustrationen: Dieter Mettelsiefen, München
Redaktion: René Rilz
Herstellung: Gabi König
Satz und Druck: Presse-Druck Augsburg
ISBN 3 505 09453-6
Bestell-Nr. 9453

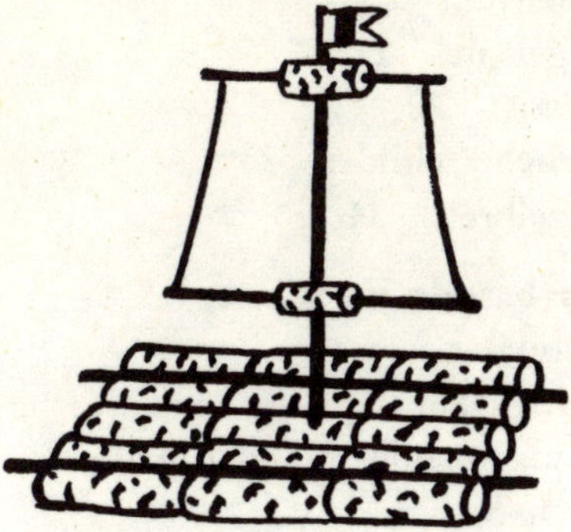

Inhalt

Wir basteln im Herbst

Wir basteln im Winter

Wir basteln im Frühling

Wir lassen es Frühling werden mit Vögeln auf den Ästen, Töpfen, die zu grünen anfangen, mit einem Osterhasen, den man auf den Tisch stellt, und mit allerlei Anregungen, wie man sich mit Ketten schmücken kann.

Vögel im Geäst

Materialbedarf: Knetmasse (zubereitet aus 2 Teilen Mehl, 1 Teil Salz und ½ Teil Wasser), Draht oder Nägel, Schmirgelpapier, Farbe, Lack

Aus der Knetmasse formst du einen oder mehrere Vögel. In die noch feuchte Masse drückst du, wenn du einen Vogel aufhängen möchtest, von oben einen gebogenen Draht ein; wenn du ihn auf einen Ast stecken möchtest, drückst du von unten einen Nagel mit seinem Kopf voran ein. Die Eintrittsstelle wird fein verstrichen. Der Vogel trocknet an der Luft. Danach schleifst du seine Oberfläche so fein wie möglich mit Schmirgelpapier, bemalst den Vogel hübsch bunt und lackierst ihn zum Schluß. In einen Krug stellst du einen großen Ast. An ihn hängst oder steckst du deine Vögel und schmückst so die Wohnung für Frühlingszeit.

Kressetöpfe

Materialbedarf: kleine, verschieden hohe Plastikgefäße, Erde oder Steine, Watte, Klebefolie oder wasserfeste Farben, Kressesamen

An ihrer Außenseite bemalst oder beklebst du die Gefäße mit einem Gesicht, bestehend aus Augen, Nase, Mund, vielleicht auch noch angeklebten Ohren. Danach füllst du die Töpfe bis 1 cm unter den Rand mit Erde oder Steinen und gibst eine Schicht Watte darauf. Den Kressesamen streust du flach auf die Watte und wässerst sie sorgfältig.

Die Watte soll stets feucht bleiben. Nach ein paar Tagen beginnen die Samen zu keimen. Allmählich wächst den Topfgesichtern ein dichter Haarschopf. Willst du ihr Friseur sein?

Osterschmuck

Materialbedarf: festes Papier, 1 Papprolle (von Toilettenpapier), Alufolie, Farbe

Du faltest das Papier in der Mitte und zeichnest den halben Hasen. Sein Fußteil soll so hoch sein wie das WC-Rollenstück. Du schneidest ihn aus, bemalst ihn und klebst ihn um die Rolle. Ein längliches Papierchen, beidseitig fein eingeschnitten, ergibt sein Schnäuzchen. Die Rolle kannst du mit Alufolie auskleiden und mit feuchtem Moos polstern. Am Ostermorgen wartet bei jedem Gedeck ein solches Häschen, hält ein bunt bemaltes Ei, umrandet von kleinen frischen Frühlingsblumen, in seinem Schoß und wartet auf die Familie...

Bänder

Materialbedarf: Reste von Baumwollstoff oder Wollreste

Du schneidest den Stoff in ca. 5 cm breite und möglichst lange Streifen. Du faltest sie so der Länge nach, daß die Kanten in der Mitte der Stoffrückseite aneinanderstoßen. Falte sie ein zweites Mal, und die Kanten verschwinden im

Innern des Stoffes. Nun wickelst du die Streifen auf ein Stück Karton auf. Mit jeweils drei Bändern zusammen kannst du einen Zopf flechten. Auch aus Wollresten kannst du verschiedenfarbige, gleich lange Stücke schneiden, mehrere zu einem Strang zusammenfassen und sie zu einem Zopf flechten. Du verwerndest sie je nach Länge und Dicke als Haarband. Armband, Gürtel, Schmuck für die Puppen oder als Sprungseil.

Blumenhut

Materialbedarf: Zeitungspapier, Kleister, 1 Stück alten Stoff, weiße Deckfarbe

Du formst aus Zeitungspapier ein Knäuel in der Größe deines Kopfes. Darüber legst du ein nasses Tuch, als sei dies dein Hut. Nun bereitest du den Kleister nach Vorschrift und zerreißt weitere Zeitungen in Streifen und kleine Fetzen. Diese bestreichst du mit Kleister und klebst sie neben- und übereinander auf den Stoff. Nach ca. 5 Schichten kannst du die Arbeit 1–3 Tage ruhen lassen. Danach schiebst du Papierknäuel unter den Hutrand, so daß seine Form leicht schwingend wird, und rundest die Kante mit kleinen, gut mit Kleister getränkten Papierstückchen ab. Nach dem Trocknen bemalst du den Hut mit weißer Deckfarbe. Zum Schmücken stehen dir verschiedene Möglichkeiten offen: Entweder bemalst oder beklebst du den Hut, oder du dekorierst ihn mit Bändern, Kränzen, Tannenzäpfchen, bunten Kugeln oder Papierblumen. Wenn du wissen möchtest, wie man Papierblumen macht, so lies gleich weiter.

Papierblumen

Materialbedarf: Kreppapier in verschiedenen Farben, feinen Draht

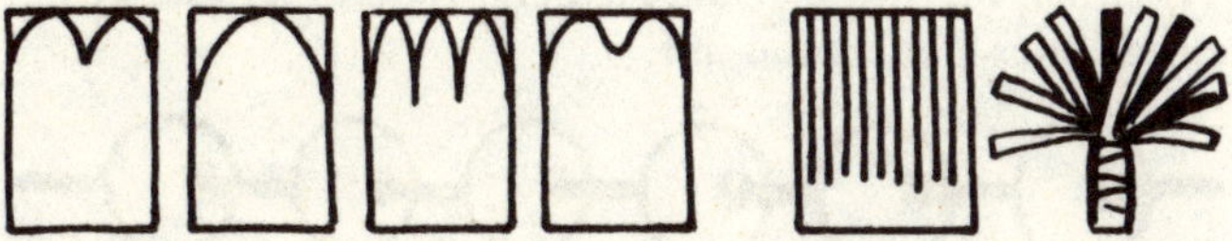

Aus dem Kreppapier schneidest du einen 10–15 cm breiten und 50–100 cm langen Streifen und faltest ihn wie eine Ziehharmonika. Auf das gefaltete Papier zeichnest du das Muster der gewünschten Blumenkrone und schneidest den Linien entlang aus. In einen andersfarbigen Streifen Kreppapier, der gleich breit, doch weniger lang ist, schneidest du feine Fransen von einer Längsseite her über ¾ der Breite. Du rollst den gefransten Streifen von der Seite her auf und umwickelst ihn unten mit Draht. Den nächsten Streifen wickelst du locker um den Kelchansatz herum und machst ihn ebenfalls mit Draht fest. Die Drahtstellen kannst du mit grünem Kreppapier umkleben. Nun dehnst, zupfst und wellst du die Blütenblätter in Form und steckst dir mehrere solcher Blumen auf den Hut.

Ketten

Zum Schmücken gehören auch Ketten. Sind sie klein und fein, so schmückst du damit dich selber. Manche sehen hübsch aus an einem Fenster oder einer Tür, manche am Christbaum. Bei einigen können die Einzelteile so vergrößert werden, daß du mit der fertigen Kette auch einen ganzen Raum, Balkon oder Garten für ein Fest schmücken kannst.

Kette aus Salzteigklunkern

Salzteig (Herstellung siehe unter „Vögel im Geäst“)

formst du Kugeln und steckst sie auf einen Holzspieß. Du läßt sie an der Luft trocknen oder legst sie über eine Schale mit Wasser in den mäßig beheizten Backofen. Nach dem Trocknen malst du sie an, lackierst sie und fädelst sie auf ein dünnes Lederband auf.

Kette aus Trinkhalmen und Papierrondellen

Du schneidest aus Buntpapier ca. 30 kleine Kreise aus und zerschneidest Trinkhalme in kleine Stücke. Mit einer Nadel fädelst du abwechselnd ein Stückchen Trinkhalm und eine Papierrondelle zu einer Kette auf.

Kette aus Papierperlen

Aus Buntpapier, illustrierten Zeitungen oder alten Zeichnungen schneidest du schmale Keile zu. Diese rollst du, mit der schmalen Seite beginnend, fest auf einen Zahnstocher auf und klebst die Spitze mit einem Tupfen Leim fest. So entstehen Papierperlen, die du zu einer Kette auffädeln kannst.

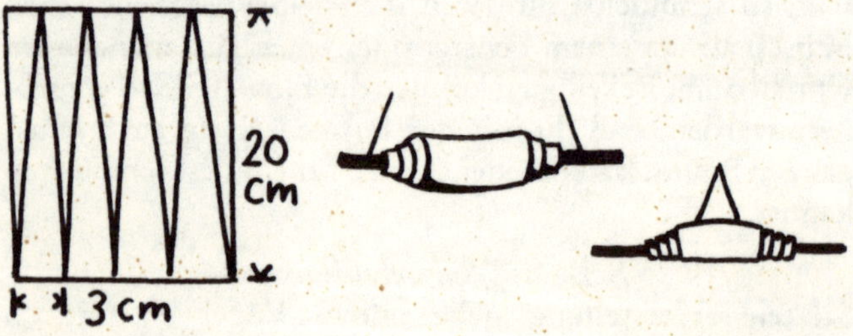

Kette aus Papierhalmen und Perlen

Du schneidest aus buntem Papier mehrere blattförmige Stücke in verschiedenen Größen aus. Mit der einen Spitze rollst du sie auf einen Zahnstocher auf und klebst die zweite Spitze mit einem Leimtupfen fest. Diese Röhrchen fädelst du, abwechselnd mit bunten Holzperlen, auf einen starken Faden auf.

Kette aus Kork

Du schneidest Korken in ½ cm dicke Streifen. Für eine Kette nimmst du ein Stück Kork neben das andere oder wechselst ab mit Perlen oder Halmen.

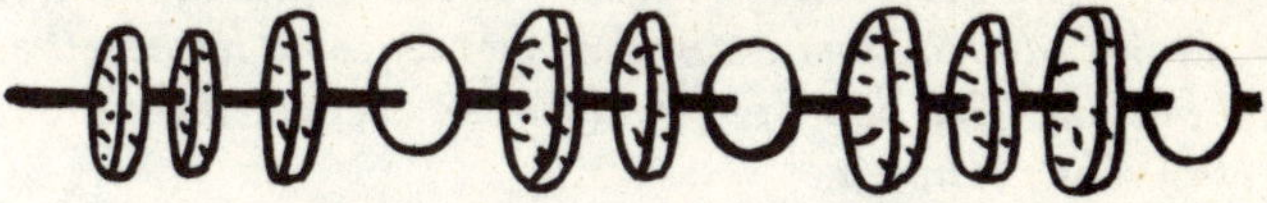

Kette aus Samen und Kernen

Sammle Apfelkerne, Melonenkerne oder Ahornsamen und fädle sie auf einen Faden auf. Auch Hagebutten sehen sehr hübsch aus, nur mußt du sie ganz frisch verwenden, weil sie rasch hart werden und sich dann nur mühsam durchstechen lassen.

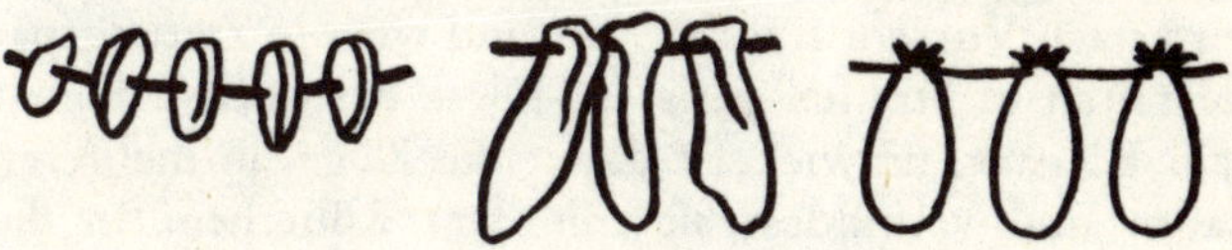

Wir basteln im Sommer

Der Sommer ist da, und ihr spielt auf der Wiese, im Gebüsch, im Hof und am Wasser. Die Spielsachen, die auf den folgenden Seiten beschrieben werden, sind leicht selber zu basteln. Bei den Spielen draußen werdet ihr sie gut gebrauchen können.

Kegelspiel

Materialbedarf (für 9 Kegel): 9 Plastikflaschen, Zeitungspapier, Kleister, Sand, Farbe, Lack, Stoff- und Wollreste, festes Papier

Du formst aus festem Papier ein Röhrchen mit dem Durchmesser des inneren Flaschenhalses. Aus Zeitungspapier knüllst du eine Kugel für den Kopf. Der Kleister wird nach Vorschrift zubereitet und weitere Zeitungspapierseiten in Streifen gerissen. Diese bestreichst du mit dem Kleister, umwickelst damit die Kugel in mehreren Lagen und verbindest sie mit dem Röhrchen. In die Plastikflaschen füllst du Sand. Probier aus, wieviel du brauchst, damit die Flasche gut stehen, jedoch auch umkippen kann, wenn der Ball geflogen kommt. Das Röhrchen mit dem Kopf klebst du in den Flaschenhals.

Nun kannst du die Figur bemalen und verzieren (Ohren aus Pappe, Haare aus Wollresten, Krawatte aus Stoff) und zum Schluß lackieren. Eine der Figuren ist der König und erhält eine Krone.

Ihr markiert mit Kreide auf dem Boden, wo die Kegel stehen sollen und in welcher Entfernung davon ihr stehen möchtet. Abwechselnd rollt jeder Spieler einen Ball auf die Kegelfiguren zu. Für einen umgeworfenen Kegel erhält er einen Punkt, für den König 3 Punkte. Ihr könnt auch andere Spielregeln erfinden.

Büchsenstelzen

Materialbedarf (für ein Paar Stelzen): 2 große leere Konservendosen (Inhalt ca. 850 g), Nägel, Schnur, wasserfeste Farbe

Mit einem Nagel schlägst du zwei Löcher einander gegenüber knapp unterhalb des geschlossenen Bodens. Du kannst die Dose bemalen und deinen Namen daraufschreiben. Du ziehst eine Schnur, die eine Schlaufe bildet, durch die Löcher und verknotest die Enden in der Büchse. Die

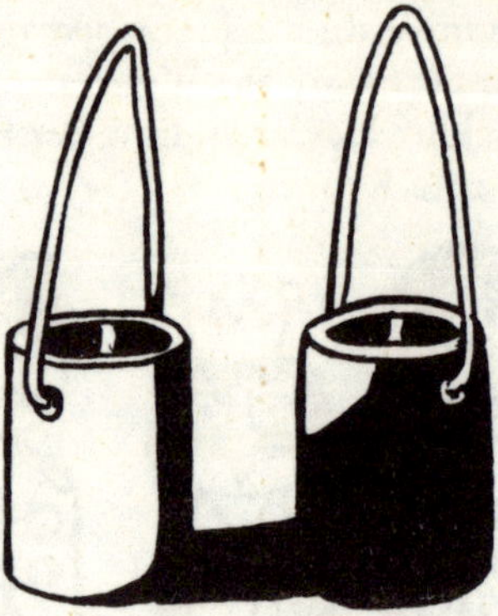

Schlaufe soll so lang sein, daß du sie mit gestreckten Armen halten kannst, wenn du auf der Büchse stehst. Wenn deine Freunde ebenfalls Büchsenstelzen basteln, könnt ihr ein Wettrennen veranstalten.

Rakete

Materialbedarf: Stoffreste, Faden, Sand

Aus Stoffresten schneidest du möglichst lange und ca. 3 cm breite Streifen und nähst sie zusammen, bis du 5 2 m lange Streifen hast. Knote sie an einem Ende zusammen. Nun schneidest du aus festem Stoff einen Kreis von ca. 15 cm Durchmesser. 2 cm vom Rand entfernt nähst du mit kleinen Stichen einen starken Faden ein. Wenn du ihn zusammenziehst, entsteht ein Beutelchen. Du legst den Knoten der langen Bänder in den Beutel hinein und füllst ihn mit Sand, bevor du die Fäden zusammenziehst und den Beutel fest verschließt. Diese Rakete läßt sich wunderbar werfen, wobei sie ihren bunten Schweif anmutig hinter sich her zieht.

Indianerausrüstung

Für den *Federschmuck* bemalst du einen Streifen aus Wellpappe ähnlich einem Indianerstirnband. An den beiden Enden bohrst du ein Loch und ziehst einen Gummifaden ein. Nun steckst du eine oder mehrere Federn, mit einem Tupfen Klebstoff versehen, in die Rillen der Wellpappe, und schon kannst du dir den Federschmuck auf den Kopf setzen.

Für das *Gewand* besorgst du dir einen alten Sack, schneidest Armlöcher und Halsausschnitt aus und umsäumst die Löcher mit einfachen Stichen. Aus Stoffresten schneidest du Fransenborden, die du rund um den Halsausschnitt, an den Schultern und am Saum des Gewandes festnähst.
Einen gerade gewachsenen Haselstecken, der in der Länge ungefähr deiner Körpergröße entspricht, kerbst du an den Enden ein und biegst ihn, indem du die Kerben mit einer starken Schnur verbindest, zu einem *Bogen*.
Als *Pfeile* eignen sich kräftige Schilfrohre. Damit du sie gut auf die Sehne auflegen kannst, schneidest du am hinteren Ende (ca. 1 cm hinter einem Blattansatz) eine Kerbe. Vorne spitzt du das Rohr zu und steckst ein Stückchen von einem Holunderast (oder von einem Korken) auf die Spitze.
Die Pfeile trägst du in einem *Köcher* bei dir. Du klebst den Boden einer Pappröhre zu und bemalst sie bunt. Nach dem Trocknen überziehst du sie mit einer Schicht von farblosem Lack. Unter der Öffnung bohrst du zwei Löcher einander gegenüber und knotest daran ein Zopfband als Tragriemen.
Nun bist du wie ein richtiger Indianer ausgerüstet. Denk daran, daß du für Zielübungen eine Zielscheibe aus Karton benützt und den Bogen niemals – auch nicht aus Spaß – auf einen deiner Kameraden richtest.

Segelfloß

Materialbedarf: 16 gleich große Korken, Holzspieße oder Ruten, Schnur, bunte Plastiktragetasche

Mit einer Ahle durchbohrst du 15 der Korken durch die seitliche Mitte. Jeweils 5 davon steckst du auf einen Holzspieß und gibst einen Tropfen Leim dazwischen. Die so entstandenen drei Korkenreihen klebst du aneinander. Zur Sicherung der Verklebung werden bei der 1. und 4. Längsrille jeweils unter und über der Rille Holzspieße mitgeklebt, deren überstehende Enden seitlich mit Schnur verknotet werden. Den übriggebliebenen Korken schneidest du in zwei Hälften. Du suchst dir einen kleinen Holzstab als Mast und steckst eine der Korkhälften 3 cm vom unteren, die anderen 3 cm vom oberen Ende entfernt auf den Mast. Der Mast selbst wird in der Mitte des Floßes festgeklemmt. Seitlich der halbierten Korken braucht es je zwei Zahnstocher als Segellatten. Daran befestigst du das Segel, das du aus buntem Plastikmaterial und ausgeschnitten hast. Zum Schluß setzt du oben auf dem Mast die Fahne. Noch seetüchtiger wird das Segelfloß, wenn du einen Stein an ein Stück Schnur hängst und diese unter dem Boot befestigst.

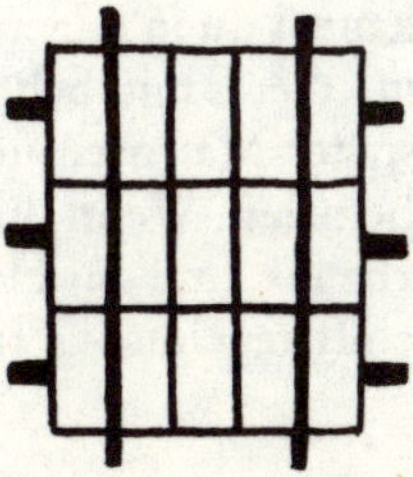

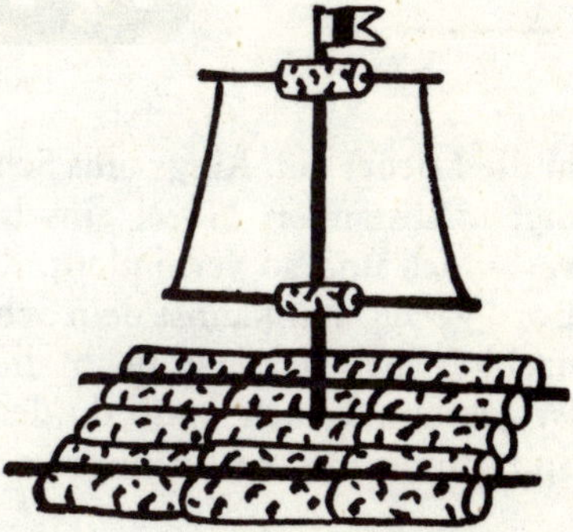

Dampfschiffe und Schlepper

Materialbedarf: Holzbrett, Holzreste, Nägel, Schnur, Rundholz, Farbe, Lack

Du sägst ein flaches Holzstück spitz zu. Die Sägeflächen glättest du mit Raspel und Feile. Auf diesen Schiffsrumpf kannst du mit Holzresten allerlei Aufbauten wie Kajüten, Kamine, Vorratsräume usw. kleben oder nageln. Für hohe Masten bohrst du Löcher in der Dicke der Rundhölzer durch ein aufgeleimtes Holzstück in den Schiffsrumpf (ohne diesen zu durchbohren) und leimst die Rundhölzer

in die Löcher ein. Rings ums Schiff kannst du in regelmäßigen Abständen Nägel einschlagen, diese mit Schnur verbinden und so verhindern, daß später Matrosen über Bord gehen. Du kannst dein Schiff bemalen. Wenn du es nachher auch lackierst, bleibt die Farbe fest und das Holz ist geschützt, auch wenn du dein Schiff regelmäßig zum Spielen mit ins Wasser nimmst.

Laterne

Materialbedarf: Konservendose, Nägel verschiedener Größe, Klebfolie, Draht, Rundholz

Du überziehst deine Dose mit Klebfolie. Zeichne darauf ein, wo du deine Löcher schlagen möchtest. Nun brauchst du ein Rundholz, das möglichst knapp in die Dose hineinpaßt. Du befestigst es mit Schraubzwingen so an deinem Arbeitsplatz, daß das Ende über die Tischkante hinausragt. Du stülpst nun die Dose über das Rundholz und schlägst mit Hilfe der verschieden großen Nägel Muster in das Blech. Ganz oben am Rand braucht es zusätzlich zwei Löcher einander gegenüber, an denen du die Drahtschlinge, die als Aufhänger dient, festmachst. Wenn du kein Rundholz in der gewünschten Größe findest, füllst du deine Dose mit Wasser und läßt es zwei Tage lang im Gefrierfach zu Eis werden. Zum Hämmern legst du die Dose auf ein mehrmals gefaltetes Frottiertuch, welches das geschmolzene Eis aufsaugt.

Mit etwas flüssigem Wachs klebst du eine Kerze in der Dose fest. Nun kannst du die Laterne auf dem Balkon oder im Garten aufhängen oder sie beim Laternenumzug mittragen. Warte, bis es ganz dunkel ist, dann leuchtet sie besonders geheimnisvoll.

Wir basteln im Herbst

Sicher hast de während der Sommer- und Ferienzeit viel erlebt, viel entdeckt und vieles gesammelt. Deshalb sei nicht traugig, wenn Regen und Wind dich jetzt von der Straße vertreiben und die fast kahlen Bäume deutlich machen, daß der Herbst endgültig ins Land gezogen ist. Komm in die warme Stube, auch hier läßt sich herrlich spielen! Hol deine gesammelten Schätze, wir bauen sie ein in ein

Aquarium

Materialbedarf: 1 Schuhschachtel, festes Papier, Faden, Farbe, hellblaues Seidenpapier, Sand, gesammelte Schätze wie Muscheln, schöne kleine Steine, seltsam geformte Wurzeln usw.

Aus dem Deckel und dem Boden der Schachtel schneidest du ein Rechteck heraus und läßt ringsherum einen Rand von etwa 2 cm stehen. Die Innenseite der Schachtel bemalst du in den Farben des Wassers, die Außenseite dazu passend. Aus dem festen Papier schneidest du verschiedene Fische und Wasserpflanzen aus und bemalst sie. Die Fische hängst du an verschieden lange Fäden und klebst diese mit einem kleinen Papierstück an die Decke des Aquariums. Schling- und Wasserpflanzen werden vor, hinter und zwischen die Fische an den Boden geklebt, dieser mit Sand bedeckt und ausgeschmückt mit den Muscheln, Steinen und Hölzchen, die du gesammelt hast. An die Rückseite des Aquariums klebst du zum Schluß ein hellblaues Seidenpapier.

Angelspiel

Materialbedarf: festes Papier, Büroklammern, Farben, Rundholz, Garn, Draht oder 1 Nagel, Magnet (aus der Eisenwarenhandlung)

Die Fische im Aquarium sind nur zum Anschauen. Falls du richtig angeln möchtest, schneidest du verschieden große Fische aus festem Papier und bemalst sie beidseitig. Jeder Fisch erhält auch eine Zahl aufgemalt. Durch ein kleines Loch beim Maul wird je eine Büroklammer gesteckt. Für die Angelrute brauchst du einen Rundstab. Mit Hilfe eines Drahtes oder eines Nagels befestigst du daran eine Leine, an deren Ende ein sehr kleiner Magnet angeklebt ist. Wenn nun die Fische in einem leeren Papierkorb oder einer Schachtel (die du in einen See verwandeln kannst) „herumschwimmen“, versuchst du, sie mit deiner Angel zu fangen. Noch lustiger ist es, wenn du für deine Freunde auch Fischerruten bastelst, so daß ihr die Punkte auf den Fischen zusammenzählen und um die Wette angeln könnt.

Gibt es bei dir kleine Spielzeugautos, die davon träumen, auf einer richtigen Straße fahren zu können? Schneide lange Papierstreifen und klebe sie zu einer Straße (mit Kreuzungen, Parkfeldern, Zebrastreifen, Sackgassen usw.) zusammen oder lege die Straße mit Bauklötzen. An der Kreuzung steht ein freundlicher Polizist und lenkt den Verkehr mit viel Geschick…

Polizist

Materialbedarf: 1 Pappröhre, 2 Musterklammern, festes Papier, Farben, Leim, Kartonbüchse

Zeichne auf der Papprröhre an, wie groß der Polizist sein soll, und gib für den Hut noch 1 cm dazu. Zwischen Kopf und Hut wird die Röhre halb und bei der Markierung für den Hut ganz durchgeschnitten. Aus festem Papier schneidest du eine Rondelle, die den Hut nach oben schließt, einen Schild, den du in den Schlitz zwischen Hut und Kopf einschiebst, und die Arme, die du mit Musterklammern seitlich am Körper des Polizisten befestigen kannst. Rondelle und Schild werden angeklebt, dem Polizisten werden Gesicht, Hut, Arme und Uniform bemalt.
Um den Verkehr mit der nötigen Übersicht lenken zu können, steht der Polizist auf einer Kanzel. Du schneidest von einer Kartonbüchse die hierfür gewünschte Länge ab. Ein passendes Stück Papier wird mit Streifen bemalt und um die Kanzel geklebt.

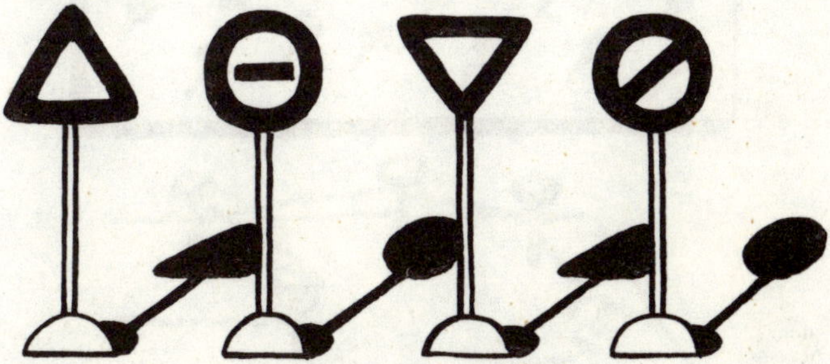

Verkehrsschilder

Aus Salzteig (siehe unter „Vögel") rollst du Kugeln und drückst sie auf einer Seite platt. In jede Halbkugel steckst du einen hölzernen Zahnstocher. Frag deine Eltern, ob sie dir eine Broschüre mit Verkehrsschildern besorgen können. Diese Schilder klebst du auf Karton, schneidest, sie einzeln aus und steckst sie, mit einem Tupfen Leim versehen, auf die Spitzen der Zahnstocher.

Nagelbrett

Materialbedarf: 1 Brett, quadratisch, rund oder rechteckig, mindestens 2 cm stark und ca. 40 × 40 cm groß, Deckfarbe, Lack, Nägel, Wollreste, Gummiringe

Das Brett wird mit deckender Farbe bemalt; ist sie wasserlöslich, so wird es auch lackiert. Nun schlägst du die Nägel ein: entweder in regelmäßigen Abständen – dann brauchst du zusätzlich einen Maßstab, um die Einschlagpunkte zu bezeichnen – oder frei verteilt über das ganze Brett. Sie werden nur so tief eingeschlagen, daß ihre Spitze das Brett nicht durchbohrt, während ihr Kopf 1–2 cm aus dem Brett herausragt. Um die Nägel windest du Wollfäden in verschiedenen Farben und spannst auf diese Weise bunte Bilder. Damit sich das Garn nicht verschiebt, wickelst du

es 1–2 mal um den gleichen Nagel. Du kannst auch Gummiringe zwischen die Nägel spannen. Wenn sie sich von einem Nagel zum andern nirgends berühren, so lassen sie sich wie die Saiten eines Instrumentes zupfen.

Wir basteln im Winter

Winterzeit ist Bastelzeit. Die Bastelarbeiten, die euch zum Nacharbeiten hier vorgestellt werden, könnt ihr entweder verschenken oder eure eigene Wohnung damit schmücken.

Webteller

Materialbedarf: 1 Pappteller, starkes Garn, Wollreste oder dünne Streifen aus Baumwollstoff

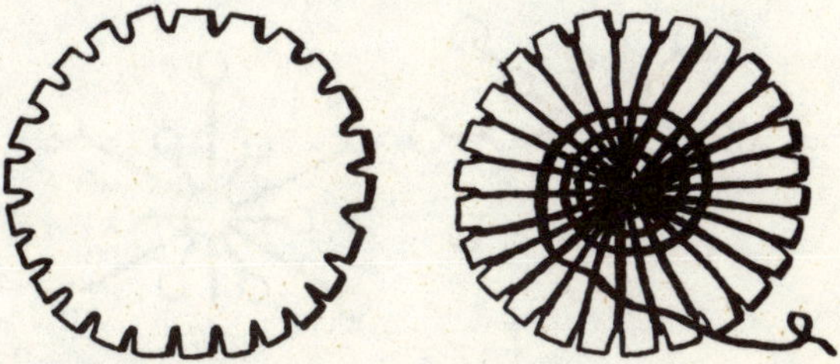

Aus einem Pappteller bastelst du einen einfachen Webrahmen, indem du ringsherum am Rand in regelmäßigen Abständen eine ungerade Anzahl kleiner Dreiecke ausschneidest. Von einer Kerbe über die Mitte zur gegenüberliegenden spannst du sternförmig die Fäden, die dir als Kettfäden dienen. Von der Mitte aus fängst du an, unter und über ihnen durch zu weben. Webst du mit Wollfäden, so entstehen hübsche Untersetzer; nimmst du statt dessen Baumwollstreifen, so kann die fertige Arbeit als Topflappen nützlich sein.

Sterne

Materialbedarf: Salzteig (Zubereitung siehe unter „Vögel“), Zahnstocher aus Holz, Farbe oder Spraylack, evtl. Holzperlen, Alufolie, Schnürchen zum Aufhängen

Du drückst kleine Kugeln aus Salzteig in Scheiben von ca. ½ cm Durchmesser. In den Rand ringsherum steckst du ganze oder halbe Zahnstocher (wenn ein regelmäßiger Stern entstehen soll, einander gegenüber). Nach dem Trocknen kannst du den Stern bemalen oder mit Goldbronze besprayen. Seine Strahlen verzierst du je nach Wunsch zusätzlich mit Kügelchen aus Alufolie oder mit Holzperlen.

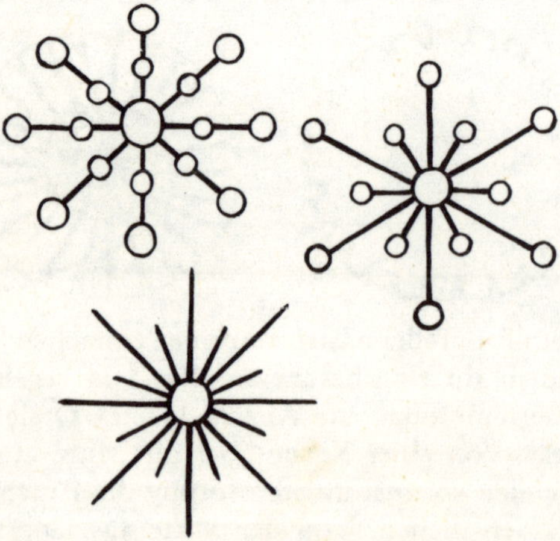

Orangen- oder Mandarinenkerze

Materialbedarf: Orange oder Mandarine, Wachsreste, Konservendose, Docht (aus der Drogerie)

Du höhlst eine halbe Orange oder Mandarine sorgfältig aus, ohne die Schale zu verletzen. Wachsreste schneidest du klein und läßt sie in einer Konservendose (in heißes Wasser gestellt) schmelzen. Schneide einen passenden Docht und gieße das flüssige Wachs in die Schalenhälfte ein. Den Docht mußt du so lange festhalten, bis er nicht mehr umkippen kann.

Tischset

Materialbedarf: übriggebliebenes Weihnachtspapier vom vergangenen Jahr, 1 festen Karton, so groß wie das Set sein soll, Tesafilm

Schneide verschieden gemusterte Papier in möglichst gleich breite Streifen. Lege so viele Streifen, wie es braucht, um die ganze Fläche zu bedecken, dicht nebeneinander auf den Karton, biege die Enden um und klebe sie auf der Rückseite mit Tesafilm fest. Nun beginnt das Flechten. Du ziehst einen Papierstreifen abwechselnd über und unter den aufgespannten Papieren durch. Jeder geflochtene Streifen wird dicht an den vorherigen herangeschoben. Nach dem „Weben“ schneidest du alle Streifenenden auf die gleiche Länge und fixierst die Randstreifen mit einem Tupfen Leim. Entstanden ist ein wahrlich festliches Set für den Weihnachtstisch.

Glücksstern

Nimm 2 dünne Stäbe und binde sie genau in der Mitte zu einem Kreuz zusammen. Nun wickelst du einen langen Wollfaden der Reihe nach 1–2 mal um jeden der Stäbe, stets in der gleichen Art. Wenn du die Farbe wechseln möchtest, verbindest du die beiden Fäden mit einem Doppelknoten, der, wenn möglich, unter einen der Stäbe zu liegen kommt. Den letzten Faden knotest du an einen Stab. Kleine Glückssterne kannst du an den Christbaum hängen oder zu einem Mobile zusammenstellen, große Sterne schmücken Fenster, Türen, Lampen oder draußen die kahlen Bäume.

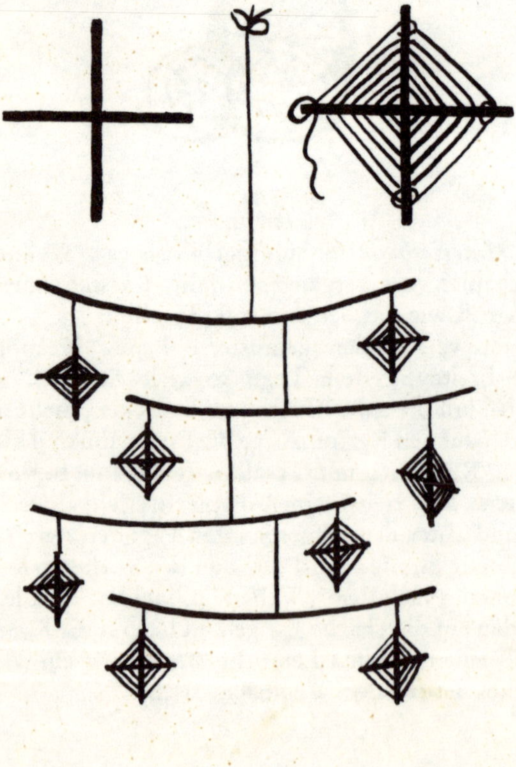

Weihnachtsbaum

Materialbedarf: Wellpappe, Farbe, Packpapier, allerlei zum Schmücken des Baumes

Du zeichnest auf ein Packpapier, das in der Mitte gefaltet ist, den halben Baum mit einem sehr breiten Stamm und schneidest ihn aus. Entlang dieser Vorlage zeichnest du den Baum 2 mal genau gleich auf Wellpappe und schneidest sie ebenfalls sorgfältig aus. Der eine Baum wird von unten bis zur Mitte geschlitzt, der andere von oben bis zur Mitte. Im rechten Winkel zueinander steckst du die geschlitzten Mitten der Bäume ineinander, so daß der Baum von allein stehen kann. Sollte er dennoch mit dem Stehen Mühe haben, so schneidest du das Kreuz für den Stammgrundriß aus einem quadratischen Stück Wellpappe aus und verklebst den Baum in dieser Vertiefung. Nun wird der Baum bemalt und weihnachtlich geschmückt.

Ein paar Vorschläge für den Schmuck:

- Beklebe ihn mit Kerzen und Kugeln. Die Kerzen schneidest du aus Buntpapier, den Kerzenglanz aus Glanzpapier, und die Kugeln stanzst du mit dem Locher aus Buntpapier aus.
- Setze ihm Vögelchen auf seine Äste. Du schneidest den Vogel 2 mal aus, bemalst ihn und klebst ihn zusammen, indem du den Fuß auf einem Tannenast festklebst

- Behänge ihn mit Glöckchen. Diese klebst du aus Halbkreisen von Goldfolie und hängst sie an ein goldenes Schnürchen.
- Beklebe ihn mit kleinen farbigen Scherenschnitten.

- Behänge ihn mit Ketten.
- Hänge 24 Päckchen daran und mache ihn so zu deinem Adventskalender.
- Stelle ihn auf ein rundes Tablett, in jeden seiner 4 Winkel eine Kerze und fülle das Tablett mit Erdnüssen, Mandarinen und Äpfeln für die Adventssonntage.